PAIX INTÉRIEURE

ET PAIX SOCIALE

François Ruffin, Mgr Olivier Leborgne

PAIX INTÉRIEURE ET PAIX SOCIALE

Dialogue entre un député et un évêque sur la spiritualité et la politique

(propos recueillis par Hugues Pinel et Adrien Louandre)

TempsPrésent

En couverture :
Photo Olivier Leborgne © Stéphane Ouzounoff/CIRIC
Photo François Ruffin © Geoffroy Van Der Hasselt/AFP

TempsPrésent
68 rue de Babylone - 75007 Paris
www.temps-present.fr

ISBN 978-2-916842-57-8

François Ruffin, 42 ans, né à Calais, est député (La France Insoumise) de la première circonscription de la Somme. Dans le cadre de son mandat, il s'est particulièrement intéressé aux questions de santé et de ruralité, dont il a tiré deux ouvrages : *Un député à l'hôpital psychiatrique* et *Un député à la ferme*, tous deux publiés chez Fakir Éditions.

Journaliste de formation, il a publié un livre critique très remarqué sur le prestigieux Centre de Formation des Journalistes, dont il est diplômé : *Les petits soldats du journalisme* (Éditions Les Arènes). En 1999, il fonde à Amiens un journal local, *Fakir*. En 2016, il réalise le documentaire *Merci Patron !*, qui dévoile certaines méthodes de pression très douteuses utilisées par la direction de LVMH, dont le PDG est Bernard Arnault, contre ses salariés. Ce film connaît un succès public et critique : il obtient le césar 2016 du meilleur documentaire.

Mgr Olivier Leborgne, 54 ans, né à Nantes, a fait toute sa scolarité dans l'enseignement public et a suivi des études à l'École supérieure de commerce de Rouen avant d'entrer au séminaire. Nommé évêque d'Amiens en 2014, il a très vite affirmé une forte fibre sociale, soulignée dans un entretien accordé à *La Croix* en pleine campagne présidentielle de 2017, à propos de la fermeture de l'usine Whirlpool : « (...) Ce qui se passe à Whirlpool est le résultat manifeste d'une mondialisation, d'un capitalisme financier qui ne laisse plus de place à l'homme, et cela n'est pas acceptable. »

L'évêque d'Amiens a aussi pris des positions fortes sur la question des migrants, pour lesquels il a organisé un accueil permanent dans son diocèse : « Quel est notre premier regard sur la personne étrangère en général et sur celui qui est forcé d'émigrer en particulier ? Est-il d'abord une personne créée par Dieu, aimée de lui et appelée au salut, ou est-il d'abord un risque et un danger ? Poser cette question n'est pas nier la complexité des problèmes, mais rappeler clairement les fondements non négociables de la réflexion. » (www.catho80.com).

Un célèbre poème d'Aragon, La rose et le réséda, *évoque la rencontre entre celui qui croyait au ciel et celui qui n'y croyait pas. Rencontre qui est un peu la vôtre. Comment envisagez-vous la cohabitation entre croyants et non croyants ?*

Mgr Olivier Leborgne : Entre celui qui croyait au ciel et celui qui n'y croyait pas, il s'agit pour moi d'une même aventure : l'aventure humaine. Je l'entends très fortement dans ce poème. Toute femme, tout homme, quelles que soient ses opinions, doit trouver sa place dans ce monde. J'ai beaucoup d'estime pour les élus de la République qui se mettent au service du Bien commun. Pour ma part, je suis en recherche, et heureux de chercher. « Celui qui croyait au ciel », l'expression m'interroge. Ce en quoi je crois, c'est en quelqu'un, en Jésus Christ. « Celui qui n'y croyait pas », l'expression m'interroge également. Je ne suis pas certain que chacun se lèverait le matin s'il ne savait confusément que le jour à venir apporte une promesse. Je suis un croyant, c'est clair. Et s'il y a peut-être un point qui me rapproche de François Ruffin, c'est que ma foi interdit la résignation. Elle est impossible. C'est une apostasie[1] pratique de la foi catholique.

François Ruffin : Je voudrais d'abord répondre très concrètement en parlant de la personne qui nous a réunis la première fois, Mgr Leborgne et moi. C'est Catherine Thierry, une « bonne sœur rouge ». Bonne

1. Renonciation publique à une confession (NDE).

sœur, c'est pour Mgr Leborgne ; rouge, c'est pour moi ! Elle habite Flixecourt, juste à coté de l'usine textile et du château Saint Frères. Catherine aime montrer à ses visiteurs un vitrail de ce château où il est écrit « Amour fait beaucoup, argent fait tout ». Or dans ce qui peut nous réunir, Mgr Leborgne et moi, ceux qui croient au ciel et ceux qui n'y croient pas, j'identifie un adversaire commun : l'éternel Veau d'or, l'argent, les profits, les dividendes. Le poème d'Aragon, sous couvert d'amour, est un poème de résistance. La belle qu'il faut libérer, en unissant celui qui croit au ciel et celui qui n'y croit pas, c'est la Patrie, la Liberté. Pour illustrer notre possible résistance commune au culte de l'argent, je voudrais citer un célèbre dominicain, Bartholomé de Las Casas, auteur de la *Controverse de Valladolid*. Quand il défend le point de vue que les Indiens ont une âme et qu'il faut cesser de les tenir en esclavage, il écrit : « Depuis les tout premiers contacts, les Espagnols n'ont paru animés et poussés que par la soif de l'or. C'est tout ce qu'ils réclament : "De l'or, de l'or, de l'or". Au point qu'en certains endroits, les habitants des terres nouvelles disaient : "Mais qu'est-ce qu'ils en font de tout cet or ? Ils doivent le manger." Tout est soumis à l'or, tout. » Je crains que l'on vive dans un monde où, de plus en plus, tout soit soumis au profit. La santé, l'environnement, le travail sont soumis au Dieu « profit ».

Cela dit, je ne crois pas en Dieu. J'ai même été le premier de ma famille et le seul de ma classe à ne pas faire de première communion. J'étais chez les Jésuites, à la Providence[2]. Il y avait dès l'enfance une certaine réticence déjà fortement ancrée en moi à l'égard de la religion. Pour en revenir à l'or, cette réticence était d'autant plus ancrée que je devinais bien la principale raison pour laquelle la plupart des enfants autour de moi faisaient leur première communion : avoir une montre en or. C'était quelque chose qui m'écœurait. J'avais une certaine affection pour les jésuites et cette approche de la religion ancrée dans la matière me heurtait. J'ai donc été longtemps dans un rejet de la religion. Puis j'ai recousu le fil. La première fois que j'ai rencontré Mgr Leborgne, je lui ai dit : « Il y a au moins une raison pour laquelle je vous aime bien, c'est que vous êtes marginal. » De fait, l'Église catholique est marginale aujourd'hui. Si j'avais affaire à l'Église du XVIIIe siècle, il est vraisemblable que je m'y opposerais. C'était une institution puissante qui venait au secours du pouvoir. Mais nous ne sommes plus dans la même situation historique. Toutes choses égales par ailleurs, on peut établir la comparaison avec le Parti communiste : il n'est plus le même aujourd'hui qu'il l'était du temps de l'Union Soviétique. Dans mon parcours, le fil avec la religion a été recousu par l'intermédiaire de certaines personnes. J'ai déjà cité Catherine,

2. Le même collège-lycée qu'a fréquenté Emmanuel Macron (NDE).

mais il y a eu aussi, parmi tous ceux qui ont participé à l'aventure du journal *Fakir*, que j'ai créé à Amiens en 1999, d'autres chrétiens de gauche, à l'image d'une présidente et d'un trésorier de l'association qui porte le projet.

Pour résumer, ce qui peut nous réunir, c'est le refus d'un économisme étroit, le refus de réduire l'homme à une fonction, le refus de nier en lui ce qu'il y a de plus précieux, c'est-à-dire son humanité, c'est-à-dire la tendresse, le doute, l'incertitude. Tout ce qui peut faire de nous ces grains de sable capables de faire dérailler la machine, et dont l'économie ne veut pas.

Mgr Olivier Leborgne : J'aimerais revenir à cette citation sur le vitrail du château Saint Frères, « Amour fait beaucoup, argent fait tout », car il s'agit là clairement d'une apostasie objective de la foi catholique. Au même titre que si on affirmait « Jésus n'est pas Dieu ». On a bien entendu tout à fait le droit de le dire, mais c'est une apostasie. Et je suis scandalisé qu'une telle phrase ait pu être écrite par les propriétaires de ce château, qui avaient par ailleurs les premiers rangs dans l'église de Flixecourt. Il faut vraiment que nous réagissions lorsque nous nous trouvons face à de telles affirmations. Le pape François, dans son encyclique *Laudato Si'*, nous invite à un véritable examen de conscience. La crise écologique est une crise financière et une crise sociale. Tout est lié. Dans cette encyclique, le pape dénonce clairement l'ultralibéralisme dans ses deux aspects, financier et éthique. C'est sa façon de rappeler que nul ne peut servir deux maîtres, Dieu et l'argent, comme il est écrit dans l'Évangile de Matthieu. Cela ne veut pas forcément dire que tout le monde doit voter France Insoumise – et Monsieur le député François Ruffin me pardonnera cette remarque – mais cela signifie que les catholiques doivent faire un choix : servir l'argent ou servir Dieu.

Que signifie, pour vous, l'espérance ?

François Ruffin : Dans mon parcours, je suis toujours parti de la matière, des chiffres, de l'économie : les 9,3 % de la valeur ajoutée qui, en trente ans, ont glissé de la part du travail à la part du capital, ce qui représente environ trois semaines de congés payés par an ; le triplement des dividendes des actionnaires passés de 4 à 12 % ; les 500 premières fortunes de France qui, selon le magazine *Challenge*, pour ne pas citer de source bolchevique, ont vu leur part dans le PIB passer de 6 à 24 % ; les 93,4 milliards de profits engrangés par le CAC 40 en 2017, ce qui nous ramène aux chiffres d'avant la crise, etc.

Or, plus ça va, plus je considère également que je remplis un rôle spirituel. Pendant la campagne électorale que j'ai menée pour l'élection législative, je disais souvent : « Mon adversaire, c'est la finance, mais c'est surtout l'indifférence. » La résignation, voilà l'ennemi. C'est mon combat de tous les jours. Je cherche en permanence à rallumer la petite lumière qui reste chez les gens pour les aider à se bagarrer. Je ne sais pas si ça passe par le cœur, par l'esprit, par l'âme. De fait, j'en arrive à utiliser un vocabulaire relativement spirituel qui peut d'ailleurs parfois gêner certains de mes camarades de *Fakir*. On a même titré un jour en Une : « N'ayons plus peur », référence à la célèbre formule de Jean-Paul II, « N'ayez pas peur ». La peur et la résignation sont les sentiments les plus profondément ancrés aujourd'hui chez la plupart des personnes que je rencontre. En particulier dans le monde du travail. On n'imagine pas ce que les salariés viennent me confier comme douleurs, comme inquiétudes, comme angoisses, avec une impossibilité de les énoncer publiquement de peur d'être aussitôt virés. Un cégétiste m'a dit un jour que ça lui faisait penser à la fameuse phrase prononcée par le présentateur du journal de 20h Roger Gicquel : « La France a peur. »[3] J'aime aussi me référer à cette phrase d'Henri Krazucki, l'ancien patron de la CGT : « Avec le chômage, la peur a changé de camp. » Jusque dans les années 1970, la peur était plutôt du côté du patronat. L'installation du chômage de masse a fait que tout est devenu friable et que la peur est passée du côté des salariés.

---

3. Au lendemain de l'arrestation du tueur en série Patrick Henry, le 18 février 1976 (NDE).

Je me suis un peu intéressé à l'origine de la formule de Jean-Paul II et j'ai découvert que le pape l'avait puisée dans la théologie de la libération, ce qui m'arrange plutôt. Je préfère cependant la conjuguer à la première personne du pluriel plutôt qu'à la deuxième personne. C'est peut-être là une différence entre celui qui croit au ciel et celui qui n'y croit pas : j'appartiens aux Hommes, pleinement. Je n'ai pas cette chance de croire au ciel. Du coup, cette peur, elle est là, en moi, elle n'est pas extérieure. « N'ayons plus peur », ce n'est pas une injonction que j'adresse aux autres, c'est une interpellation qui me concerne aussi. Chaque fois que je monte à la tribune de l'Assemblée nationale ou que je vais m'exprimer dans un média, j'ai peur. Et cette peur, je dois vivre avec. J'aime aussi citer une autre référence biblique : « Au commencement était le verbe. » Je suis en effet convaincu que dans la lutte contre la résignation, dans la lutte contre l'indifférence, dans la lutte pour l'espérance, au commencement, il y a le verbe. C'est-à-dire la capacité que l'on donne à chacun de s'exprimer. C'est un verbe dont je raffole, « s'exprimer ». Il signifie « pousser dehors ». Pousser dehors les peurs et la résignation que l'on a dans le ventre. Ma fonction doit être de me libérer de ces peurs pour aider les autres à s'en libérer. J'essaie d'être une attitude qui contamine.

Mgr Olivier Leborgne : L'espérance pour moi signifie que le ciel n'est pas un ailleurs inaccessible et vaporeux, une fuite. C'est un visage qui s'appelle Jésus Christ, qui est Dieu, qui a pris chair de ma chair, qui est venu partager ma vie jusque dans ma mort, jusque dans tout ce qui m'indigne, tout ce qui défigure, tout ce qui déshumanise, jusque dans les violences. Je crois qu'Il est ressuscité ; c'est cela pour moi l'espérance. C'est-à-dire que le mal, les violences, les errances du monde et mes propres errances, quelles que soient les vicissitudes de la vie, ne sont plus une fatalité. C'est ce qui fait que chaque matin, je me lève avec la certitude qu'il y a quelque chose à vivre, avec toutes les femmes et tous les hommes que je rencontre, qu'ils soient croyants ou non. L'espérance pour moi, c'est un visage, c'est une énergie. Je crois que l'avenir du monde est à la vie. J'en tire une conclusion très forte : je dois m'engager avec d'autres. Chacun à sa place. Tout le monde n'est pas forcément appelé à avoir un engagement politique, syndical, associatif. Néanmoins, c'est très clair : il n'y a pas de fatalité. Avec d'autres, je veux me battre, je veux me lever, faire ce que je peux, qui n'est peut-être pas ce que je rêve de vouloir faire, mais oser le faire.

J'ai été très marqué par Vaclav Havel, dramaturge tchèque, emprisonné sous la dictature communiste et premier président de la Tchécoslovaquie après la chute du mur de Berlin. Il ne voulait *a priori* pas faire de politique et refusait d'être considéré comme un dissident. À partir de son expérience, il a développé une théorie dite de « la vie dans la vérité », inspirée du philosophe tchèque Jan Patocka et de l'Évangile de Jean. À travers des détails, il s'est rendu compte que la dictature manipulait les gens par la peur qui les enfermait dans le mensonge. À partir de ce moment, il a décidé de ne plus jamais se mentir à lui-même et de ne plus jamais poser un acte commandé par la peur qui le provoquerait à agir contre sa conscience. Sans qu'il l'ait voulu, cela a fédéré autour de lui des forces politiques de dissidence et d'espérance. La Tchécoslovaquie est le seul pays qui ait été libéré de la dictature sans verser une goutte de sang. Je recommande vivement ses *Essais*[4]. Rédigés dans les années 70/80, ils sont encore d'une vive actualité. Il a décrit avec précision la perversion du système communiste en vigueur alors dans son pays. Il pressentait aussi avec beaucoup de clarté la perversion d'une société consumériste ultra libérale tout aussi destructrice. Quelque temps après la fin de la dictature communiste, il avait déclaré : « Nous espérions la liberté, nous avons eu la consommation. »

François Ruffin, quelle définition donnez-vous de la spiritualité ?

J'ai la même difficulté à définir la spiritualité que je l'aurais avec la liberté ou l'égalité. Je suis incapable de partir d'abstractions. C'est un mode de réflexion qui

4. *Essais politiques*, Calmann-Lévy, 1994.

n'est pas le mien. Je suis devenu nul en sciences et en mathématiques au lycée quand les calculs de probabilités sont passés de problèmes concrets du genre « quel est le cheval qui a le plus de chances d'arriver le premier ? » à des équations hautement abstraites. J'étais infoutu de comprendre. Je ne me considère d'ailleurs pas comme quelqu'un d'intelligent, et ce n'est pas une figure de style. Mais de cette faible intelligence, j'ai fait une force. Car dans la gauche, où il y a une certaine facilité à manier les concepts de façon abstraite, je suis condamné, pour comprendre, à toujours en revenir au réel. Mon métier c'est reporter, et ce n'est pas par hasard. C'est toujours de là que je pars. Avec Jean-Luc Mélenchon, par exemple, nous avons deux modes de réflexion différents, que l'on peut regarder comme complémentaires plutôt que contradictoires. Je pars toujours de la situation de quelqu'un, et de là, je m'élève à des généralités. Pour en arriver même parfois à ce que l'on pourrait considérer comme de la spiritualité, de l'espérance. J'ai besoin de partir du sol. Jean-Luc Mélenchon, lui, a une démarche plus philosophique. Il part de généralités, de concepts, qu'il illustre ensuite par des exemples.

Fin mars, à l'Assemblée nationale, je citais le journaliste Denis Robert, qui est un ami, qui a eu trente-et-un procès en diffamation dans l'affaire Clearstream intentés par les amis de Jean-Claude Juncker, l'actuel patron de la Commission européenne. Il les a tous gagnés. Mais il a passé plus de dix années de sa vie dans un véritable enfer, avec des menaces, des procédures, des huissiers qui viennent frapper le matin à la porte. Quand quelqu'un arrive à tenir debout, dans une telle situation, face à une pression aussi insupportable, comme il l'a fait, c'est qu'il y a forcément en lui quelque chose qui le dépasse. S'il y a bien une chose qui ne s'éteint pas en l'homme, et qui le dépasse, c'est le désir de justice, le désir de vérité. Il y a ce feu qui reste allumé au fond de nous et qui nous fait tenir. C'est la même chose pour tous les lanceurs d'alerte, qui, la plupart du temps, quand ils entament leur combat, ont la naïveté de ne pas savoir qu'ils vont affronter des mastodontes pendant des années. S'ils le savaient, ils ne se lanceraient sans doute pas ainsi, de la même manière. Et pourtant, quand ils sont jetés dans le combat, ils y vont, ils tiennent bon. Et ce n'est pas pour des intérêts personnels, matériels. Le choix d'Arnaud Beltrame, dont on sait par ailleurs qu'il avait la foi, de se substituer à un otage dans le supermarché de Trèbes, ne relève pas non plus de motivations personnelles mais de quelque chose d'autre qui le dépassait : est-ce le devoir ? La patrie ? L'honneur ? Je ne sais pas. Mais il nous a démontré qu'il existe des valeurs qui dépassent le cadre personnel. Je pense que l'on a tous en nous quelque chose de cet ordre-là, même si ce n'est peut-être pas poussé à ce point d'héroïsme. Or la société nous invite en permanence non pas à stimuler cette part de nous-même, mais à l'éteindre. Comme si c'était quelque chose de honteux.

Je n'ai jamais eu de vrai boulot, dans le sens où j'ai toujours eu des activités qui me correspondaient : j'ai travaillé à *France Inter* dans l'émission de Daniel Mermet, « Là-bas si j'y suis », qui était un espace préservé, une radio dans la radio, puis j'ai créé *Fakir* où je travaille depuis près de vingt ans. Je n'ai jamais eu de fonction séparée de mes désirs, de mes convictions. Quand je croise les autres élus à la buvette de l'Assemblée nationale, on discute les uns avec les autres, malgré nos désaccords, nos différentes appartenances, et dès que l'on rentre dans l'hémicycle, je les vois tous changer de discours, revêtir la rigidité de la fonction. Ça me déprime, cette idée de fonction qui peut vous déshumaniser. Par exemple, je n'ai aucun doute sur le fait que les grands patrons de multinationales, à titre individuel, soient très humains avec leur famille, avec leurs proches, mais les choix qu'ils font, dans le cadre de leur fonction, en faveur des actionnaires et des profits plutôt que de l'environnement, de la santé, des salariés, les vident de leur humanisme. La fonction efface l'humanité, et, peut-être, la spiritualité, au profit de l'économisme.

Mgr Leborgne, faites-vous une distinction entre la spiritualité et la foi ?

La foi pour moi, c'est la confession, c'est l'expérience du Christ mort et ressuscité, de Dieu qui s'engage avec les hommes. La foi est une relation, comme une énergie, un moteur. Elle est ce qui me met en mouvement, ce qui me fait sortir de moi-même, ce qui m'oblige à oser la nouveauté, ce qui vient même parfois profondément bouleverser mes habitudes. Il y a un très beau texte de Mgr Wintzer, archevêque de Poitiers, dans lequel il écrit que le pape François nous surprend un peu, nous les Français, par son côté très direct, très franc. De fait, Jean-Paul II et Benoît XVI ne disaient pas grand-chose de différent sur le fond. Ce qui change avec leur successeur, c'est sa manière d'être. Et parmi ce qui nous étonne et nous bouscule, il y a cette certitude que nous avions de penser qu'être universel, c'était être Européen. Le pape François a déplacé notre curseur en démontrant, par son exemple, qu'être universel, ce n'est pas forcément être Européen. Cela nous a bouleversés jusque dans notre vision des droits de l'Homme, qui peut être parfois teintée de colonialisme. Je suis pour la dignité inaliénable de la personne humaine, et je crois que les droits de l'Homme sont un bien capital, mais il peut y avoir des glissements.

La spiritualité, en regard, j'aurais du mal à la définir. Si l'on se penche sur l'histoire des spiritualités, on peut voir qu'en Asie, il y a des courants spirituels qui ne confessent pas la présence de Dieu. Ils reconnaissent un souffle mais ils ne sont pas dans une relation personnelle. La foi, c'est une rencontre personnelle. Dans la foi catholique, il y a quelque chose de fondamental : Dieu s'est fait homme. Le ciel n'a de sens que si ça prend chair. Il y a, dans certaines croyances, une dichotomie ciel/terre qui n'est pas du tout chrétienne, pas du tout catholique. Moi qui crois à la vie éternelle, la foi donne du poids à ce que je vis, donne de la force à mes rencontres avec les autres, avec les hommes et les femmes que je croise. Elle donne du poids aux actions que je mène. Et il y a urgence. On ne peut plus traîner. Parce que nous savons que nous avons un avenir, nous ne pouvons pas abandonner les plus pauvres, les plus démunis et tous ceux qui sont sujets à l'injustice. Nous devons être avec eux. Nous devons marcher avec eux.

Le pape Pie XI disait que « la politique est le domaine le plus vaste de la charité. » Quel lien faites-vous entre la foi ou la spiritualité et l'engagement politique ?

Mgr Olivier Leborgne : Je vais, comme François Ruffin, partir d'une expérience concrète. En l'occurrence, d'un camp d'aumônerie à Trédos, près de Montpellier. J'étais en prépa d'école de commerce, on travaillait le livre d'André Sève, *Essayer d'aimer*. Nous étions au début des années 1980. L'auteur rapporte la situation suivante. Une femme de ménage travaillait pour une grande famille à Paris, dont la mère était une personne remarquable, juste et attentionnée. Un jour, cette femme de ménage décide de participer à une grève. La mère de famille qui l'emploie ne comprend pas. Elle lui demande pourquoi, veut savoir ce qui ne lui convient pas dans son travail. Sa femme de ménage lui répond qu'elle n'a aucun problème personnel, mais qu'elle se bat pour une société plus juste. Elle ne faisait pas grève pour améliorer sa situation mais pour celle des autres. Cette lecture m'a beaucoup fait bouger. J'ai alors bien compris cette phrase de Pie XI, « la politique est le domaine le plus vaste de la charité ». La politique étant comprise ici au sens du service de la cité, du bien commun.

C'est ce que les catholiques appellent la charité, bien que ce terme soit assez mal vu. La charité, que l'on nomme *Agapè* en grec, c'est l'engagement déterminé de la liberté pour le bien de tous. Ce n'est pas un sentiment, ce n'est pas une vague émotion. Ce n'est pas un échange interpersonnel vaguement flasque. C'est parce que je suis personnellement saisi par un Amour que je ne peux pas ne pas envisager cet Amour à l'horizon de la cité, du bien commun. Et cela, bien sûr, dans les formes à adopter dans le monde qui est le mien. Je ne suis pas du tout spécialiste de la politique. Par exemple, je ne sais pas si le régime des partis est un bon régime. Mais j'ai la conviction qu'il faut questionner les structures de ce monde. J'ai lu dans *Fakir* cette citation que j'apprécie beaucoup, de Dom Helder Camara, ancien évêque brésilien de la région du Nordeste, qui était un très grand spirituel saisi par la cause des pauvres, et qui marquait ainsi son étonnement dans les années 1970 : « Quand je m'occupe des pauvres, on me dit que je suis saint ; quand je demande pourquoi ils sont pauvres, on me traite de communiste. »

Parmi les chrétiens, il y a un vrai pluralisme de points de vue. Je suis intimement convaincu que nul ne vote directement à partir de sa foi. Chacun de nous est le fruit de relations, d'expériences, d'une tradition familiale, d'une éducation, d'engagements... Quand je discute avec les gens, quand je relis ma propre histoire, je vois bien qu'il est très difficile de se dégager d'une tradition, familiale ou politique. Nous sommes portés par les choses que nous vivons et nous en dégager librement n'est pas si simple, sachant que la contestation systématique est aussi peu mature que la soumission.

La tradition est importante. On ne se donne pas la vie, on la reçoit. Nous ne naissons pas sans héritage. Les générations qui nous ont précédés nous ont transmis de bonnes choses, voire de très bonnes. Mais d'une part, tout ce qui nous est transmis n'est pas forcément bon : il y a aussi des blessures, des violences, des léthargies, des conformismes. Et d'autre part, il y a des choses nouvelles à accueillir, à découvrir, à oser. Le sens chrétien de la tradition n'a pas grand-chose à voir avec la pure et simple répétition. Elle est vivante et vient débusquer ce qui nous enferme dans notre confort, dans nos habitudes. Dans les années 1980, alors que j'avais un peu plus de 20 ans, je me souviens avoir travaillé les textes de Jean-Paul II sur les migrants. Et je me suis dit : « Jean-Paul II est plus à gauche que Pierre Joxe ! », ce dernier étant alors ministre socialiste de l'Intérieur. C'est bien sûr une bêtise de le dire comme ça, mais l'image était là. Tout d'un coup, j'ai pris conscience que l'Évangile m'emmenait au-delà de mes peurs, la peur de la différence notamment. Il ne m'invite pas à un angélisme naïf mais il me dit que tout homme est créé à l'image de Dieu, et que le migrant qui est là m'est donné comme un frère. Je n'ai pas le choix. L'État reçoit la mission de gérer les flux migratoires, d'assurer la sécurité. Il ne peut pas tout faire. Mais en aucun cas cela ne permet de relativiser la dignité d'une personne humaine, et, dans ce cas, celle de la personne migrante.

Ce constat m'oblige aussi à élargir le regard et la réflexion. Je ne peux pas traiter de la question des migrants sans m'intéresser aux questions géopolitiques. Sans reconnaître qu'objectivement le Nord a économiquement asservi le Sud, même si ce propos est peut-être à nuancer. Et si nous ne sommes pas prêts, nous, en Occident, non seulement à être « gentils », mais aussi à donner quelque chose de nous, à sacrifier quelque chose de notre confort et de nos avantages acquis, à nous engager pour une véritable justice entre les nations, alors nous sommes inconséquents et inaudibles sur les questions migratoires. Cette conviction est confortée par le constat qu'une croissance indéfinie qui d'elle-même partagerait ses bienfaits est démentie par les faits. Et que l'on ne vienne pas m'opposer, comme argument visant à expliquer le faible développement de pays du Sud, celui de la corruption – qu'il faut évidemment combattre – de certains dirigeants, savamment encouragés par ceux qui y trouvaient leur intérêt, à commencer par les multinationales occidentales.

Chacun est issu d'une tradition, est façonné par des expériences et est marqué par une façon de penser que l'Évangile vient éclairer, conforter, contester, approfondir. Et toujours désinstaller. Petit à petit le disciple du Christ se laisse évangéliser. Dans un autre domaine, j'ai vu des personnes qui, en accompagnant des mourants et en les aimant profondément, ont changé d'avis sur la fin de vie et l'euthanasie : il ne leur est plus possible d'être relativistes sur cette question. Aimer l'autre, c'est être en relation avec lui, et beaucoup de demandes d'euthanasie viennent d'un déficit de relation et de tendresse avec les proches. Aimer l'autre, c'est lui manifester que quoiqu'il arrive, sa vie a un prix, et que nous ne le laisserons jamais tomber.

On part d'une situation, on avance, et l'Évangile vient petit à petit nous questionner sur nos grilles acquises ou transmises. Par exemple lorsqu'il nous interpelle ainsi : L'altérité de ton frère, qu'il soit migrant ou enfant à naître... qu'en fais-tu ? Cela nourrit la réflexion politique.

Pour résumer, on peut affirmer qu'il n'y a pas de vote chrétien. Il y a des chrétiens qui votent en essayant de se laisser éclairer par l'Évangile. On peut bien sûr se poser la question de savoir si tout vote est compatible avec l'Évangile. Comme évêque, je me pose parfois ces deux questions : Jusqu'où ? Et à partir de quand ? Jusqu'où, comme serviteur de tous, je n'ai pas à prendre parti face aux personnes ou aux communautés, quelles que soient leurs opinions ? Mais à partir de quand, au nom de l'Évangile, je dois dire : « Non, cela n'est pas possible » ? Je suis évêque pour tous ceux qui se reconnaissent en Jésus Christ et je ne leur dis pas pour qui voter. Même si, de fait, Jésus a eu des paroles très politiques : « La vérité vous rendra libre », c'est politique ! « Aimez-vous les uns les autres », c'est politique ! Pour ma part, je demande au Seigneur d'avoir cette vigilance de l'esprit de pouvoir dénoncer l'inacceptable quand il faudra le dénoncer. Comme Mgr Saliège l'a fait, en 1939, à Toulouse, quand il dénonça l'antisémitisme. Il était alors assez seul. Nous avons le devoir de ne jamais laisser s'endormir nos consciences.

François Ruffin : D'abord, je dois préciser que je n'ai pas commencé à m'engager en politique en juin 2017 avec ma candidature aux élections législatives dans la Somme. Je me suis engagé dans la vie de la cité, sans doute de façon plus dure car plus solitaire, quand, en 1999, avec mon cousin et un camarade biélorusse, nous avons décidé de lancer le journal *Fakir*. Ce qui nous a valu rapidement un bon paquet d'ennuis. Pourquoi j'ai fait un journal ? Ce n'était pas pour le plaisir d'écrire, mais par conviction qu'il fallait changer ce qu'il y a dans la tête des gens si on voulait changer le monde. Beaucoup de personnes sont engagées en politique, engagées dans la vie de la cité, sans être membres d'un parti politique. Pour rebondir sur les propos de Mgr Leborgne, quand je lis le mot charité, au contraire de lui, je n'arrive pas à y voir de connotation positive. Je me souviens d'une phrase de Roland Barthes, dans les *Mythologies*, à propos de l'iconographie de l'abbé Pierre, dans un très beau texte qui opposait les signes de la charité à la réalité de la justice : « Je m'inquiète d'une société qui consomme si avidement l'affiche de la charité qu'elle en oublie de s'interroger sur ses conséquences, ses emplois et ses limites. J'en viens à me demander si la belle et touchante iconographie de l'abbé Pierre n'est pas l'alibi dont une bonne partie de la nation s'autorise pour substituer impunément les signes de la charité à la réalité de la justice. » Dans la charité, je ne peux pas m'empêcher de voir une approche de dame patronnesse.

La première fois que j'ai rencontré Brigitte Venet, qui est aujourd'hui mon attachée parlementaire, elle m'a dit : « Je travaille dans une usine à vieux ; j'appelle ça comme ça. On est trois pour quatre-vingt cinq personnes. Un jour, il y a eu une gastro. C'est devenu une épidémie qui a touché vingt-cinq personnes et qu'on n'a pas pu stopper parce qu'on n'avait pas le bon produit. » Et puis elle me raconte un drame dans le drame. Une patiente qui souffrait d'une autre maladie, et dont le mari, touché par la gastro, a été déplacé à l'étage supérieur, s'est mise à paniquer et à crier sans s'arrêter « Mon biquet ! Mon biquet ! ». C'était un cri plein d'amour et plein d'angoisses. Brigitte ne pouvait pas conduire cette dame à l'étage du dessus pour la rassurer sur la présence de son mari, parce qu'elle n'avait pas le temps, vu le faible nombre d'employés. Donc le service vivait avec une dame qui criait « Mon biquet ! » toute la journée. J'ai alors demandé à Brigitte comment elle pouvait vivre avec ça sans culpabiliser. Elle m'a répondu, pour me rassurer : « Dans ce genre de situation, on met en place des mécanismes de défense. C'est ce que j'ai fait. » Mais cette réponse ne m'a pas du tout rassuré. Car ce genre de mécanisme de défense a pour but de contenir le meilleur de soi. Pour des raisons professionnelles, on en vient à tenir à distance ses meilleurs sentiments.

Un rapport public d'information sur les Ehpad[5] a été réalisé conjointement par une députée de la France Insoumise, Caroline Fiat, et une députée de la République en Marche, Monique Iborra. Page 8, on lit très clairement que les deux parlementaires ont constaté des formes de maltraitance institutionnelle, terme que l'on rencontre partout dans le domaine de la santé : dans les hôpitaux, dans les établissements psychiatriques... Le rapport parlementaire explique très clairement que la maltraitance est causée par les sous-effectifs de personnels. Il propose comme solution de doubler le nombre de soignants en les faisant passer à soixante pour cent résidents. La réponse de la ministre de la Santé a été : « La France n'en a pas les moyens budgétaires. » Or nous sommes la 6e puissance économique mondiale et nous venons de supprimer l'impôt sur la fortune pour les actionnaires à hauteur de 3,5 milliards d'euros, en toute urgence, sans que cela ne pose aucun souci budgétaire. Pour les Ehpad, la ministre a sorti 50 millions d'euros... Ce n'est rien, c'est une obole. J'ai l'habitude de dire que lorsque l'État donne aux riches, on compte en milliards, et lorsque c'est pour les pauvres, on ne compte

5. Établissement d'hébergement pour personnes âgées et dépendantes.

qu'en millions. Dans mon intervention à l'Assemblée nationale, quand je me suis adressé à la ministre, je lui ai demandé si elle nous parlait de budget ou d'aumône, si elle était ministre ou dame patronnesse, si nous voulions la justice ou la charité.

Mgr Olivier Leborgne : Pour ma part, j'aime beaucoup le mot charité. Mais je peux comprendre que vous ne l'aimiez pas, car je pense qu'on ne lui donne pas le même sens. Ce mot m'évoque par exemple la figure de Jean Rodhain, le fondateur du Secours catholique. Il se battait contre une certaine signification que l'on donnait alors, au XIXe siècle, à la charité, considérée comme une espèce de piété dégoulinante qui ne contribuait pas à changer les structures et à permettre que la situation des personnes en difficulté puisse changer durablement. À l'exemple du pape François, je me battrai pour la dignité de toute personne humaine et contre un des maux qui peuvent l'atteindre, c'est-à-dire le libéralisme financier. Il faut que les combats portent sur les structures, et à ce titre je trouve que François Ruffin pose des questions intéressantes. Il n'y a pas de charité sans justice. C'est un déguisement scandaleux de la charité quand elle se fait sans justice. Et il n'y a pas de charité sans recherche de la vérité. Or c'est compliqué de chercher la vérité. Je sais par exemple que la frontière entre le bien et le mal ne passe pas entre deux catégories de personnes, les unes qui seraient dans la vérité et les autres dans l'erreur.

Cette frontière nous traverse tous. Je suis parfois pris en flagrant délit d'incohérence. Notre monde est extrêmement incohérent. Il est schizophrène. Il défend la dignité de personnes humaines dans certaines situations et pas dans d'autres. Par exemple, certains catholiques trouvent que le pape aborde trop les questions de vie et d'autres qu'il aborde trop les questions sociales. Certains disent qu'il est trop à droite, d'autres qu'il est trop à gauche. Ce n'est pas comme cela qu'il faut poser les enjeux. La doctrine sociale de l'Église a une cohérence, et ceux qui la découvrent sont souvent étonnés.

Faut-il connaître soi-même une forme de paix intérieure pour mener des actions qui visent à instaurer la paix sociale ?

François Ruffin : Je ne pense pas être un homme de paix, mais un homme de combat. Mon discours est relativement belliciste. Quand on parle de paix, j'ai souvent l'impression que c'est d'une fausse paix qu'il s'agit : la paix des puissants, le silence que l'on voudrait nous imposer. Si j'évoque la proposition de loi sur le secret des affaires, qui cible les lanceurs d'alerte et qui autorise les multinationales à plus d'opacité, tout peut se passer pacifiquement. On nous apporte un projet tout ficelé, qui a été conçu à la Commission européenne sous la pression des lobbies, que l'on n'a plus qu'à approuver. Eux ont la force de la situation. Nous, non. Nous n'avons que la force des mots. Avoir dans ce contexte un discours de paix reviendrait à valider une situation de fait. Je prends un autre exemple : le patron de Danone décide en Indonésie de continuer à vendre du lait en poudre alors qu'il sait que l'eau utilisée pour le délayer est polluée. Il encourage la formation de sages-femmes qui incitent les mères à abandonner l'allaitement et à consommer leurs produits. Alors que le taux de pneumonie chez les enfants qui les ingurgitent est cinquante fois supérieur à ceux qui se nourrissent au sein maternel. Et tout cela est fait avec des discours tranquilles, posés, lénifiants, enrobés d'une communication parfaite. Quand l'équipe de Cash Investigation, l'émission de *France 2* qui a révélé ces pratiques, a voulu interroger le PDG de Danone, personne n'a répondu à leurs questions. Leur violence est terrible et permanente, mais les apparences sont calmes et pacifiques. Et il y a tellement d'intermédiaires dans la chaîne de décision que l'on n'arrive même pas à identifier clairement les responsabilités. À l'usine Whirlpool d'Amiens, qui vient de fermer, on avait proposé un sèche-linge bas de gamme à chacun des salariés. Sans même qu'ils connaissent le nom et le visage du PDG qui avait pris cette décision.

À l'arrivée, dans toutes ces situations, il ne reste qu'un discours où l'on nous parle de rentabilité, d'efficacité, de productivité. Des mots creux prononcés sur le ton le plus calme possible. De fait, ils ont pour eux l'avantage de la paix. Mais quelle paix ? Leur paix !

Elle n'est absolument pas partagée. Car en face, chez les salariés, comment ne pas être habité par de la colère ? Et pourtant, la colère n'est pas un bon vecteur de lutte. Elle éloigne de soi, et elle a aussi tendance à éloigner les autres de soi, de la cause que l'on défend, plutôt que d'inciter à l'épouser. Mais il faut quand même bien combattre. Il y a là, face à nous, des puissances qui déterminent le sort de nos existences. Leur emprise est devenue presque invisible tellement elle est permanente. Tout l'enjeu est d'arriver à combattre en étant habité par la colère mais en la traduisant autrement. Arriver à traduire cette colère et à porter ce combat avec le même calme que les communicants d'en face.

Il y a un obstacle supplémentaire à franchir, qui vient de l'éducation que l'on reçoit : on nous apprend à être consensuels, on ne nous enseigne pas à heurter les autres si nécessaire, à aller les secouer, à leur dire « non ». Nous sommes éduqués à être sages et disciplinés, si l'on veut être considérés comme de bons élèves et avoir de bonnes notes. Ceci a pour conséquence que chaque fois que j'entre en conflit avec d'autres, je suscite aussi du conflit en moi, je dois me faire violence. La paix intérieure, je ne l'ai pas. Je ne sais pas ce que ça veut dire.

Pour m'accompagner dans mes combats, j'ai absolument besoin des autres. Je me sens faible. Ma seule force vient des autres. Quand il y a une manifestation sur la situation des Ehpad, avec des milliers de personnes dans la rue, et que je m'exprime à l'Assemblée nationale pour parler de ce sujet, le ton des ministres change soudainement. Il n'est plus le même que lorsque j'étais seul à porter le sujet, sans soutien de manifestants. Le propos et le ton se font plus respectueux. On m'écoute, on me dit que mes questions, soudain, sont pertinentes. C'était la même chose lorsque j'ai lancé *Fakir* : je me sentais seul dans mon coin à faire mon petit journal face à un ordre des choses qui apparaîssait comme étant très solide, très puissant. Je pourrais aussi à nouveau citer la proposition de loi sur le secret des affaires. Lorsque ce projet est arrivé à l'Assemblée nationale, il était déjà validé par la Commission européenne, par le Parlement européen, par le ministère de la Justice, par le Conseil d'État, par tout un ordre établi face auquel vous vous trouvez seulement quelques-uns à dire : « Non, ça ne va pas, le clou est planté de travers depuis le début, ce texte est fait contre les gens et pour l'argent. » Alors vous vous sentez non seulement en situation d'infériorité vis-à-vis des autres, mais aussi en situation de faiblesse vis-à-vis de vous-même. Il y a une telle puissance et une telle certitude en face que parfois j'en viens presque à culpabiliser. Je suis habité par une forme de faiblesse que je dois combattre.

Mgr Olivier Leborgne : Il faut une certaine forme d'énergie pour instaurer la paix. Nous avons besoin d'hommes et de femmes au cœur de feu, de rebelles, de personnes qui y croient. Quand Jésus dit « Heureux les doux », il ne dit pas « Heureux les mous ». Ce n'est pas tout à fait la même chose. Jésus lui-même est d'ailleurs tout sauf mou. Mais je n'arrive à travailler à la paix et à la justice que si en moi aussi se fait un travail de pacification. C'est l'une des chances, l'une des grâces de ma foi. François Ruffin dit qu'il n'a pas la chance d'avoir la foi. Je l'ai, et c'est la chance de ma vie. Elle m'est « tombée dessus » alors que je n'avais rien demandé. C'est elle qui fait que, d'un côté, je suis plein de contradictions, à travers mes combats notamment, et que, d'un autre, quelque chose me porte et me permet de me reprendre quand je peux faire des erreurs. Mais s'il faut être pacifié pour devenir pacifiant, j'insiste sur le fait qu'il n'y a là rien de mièvre ou de mou. Le vrai pacifique ne se couche jamais devant la violence, même s'il ne répond pas à la violence par la violence. Il répond par la vérité, qui peut être extrêmement ferme. On peut y laisser sa peau. Je veux des révoltes à la manière de Jésus, je veux des colères à la manière de Jésus. Ce sont des colères qui ouvrent des chemins.

Je pense à ce prêtre aux Philippines, Matthieu Dauchez, engagé auprès d'enfants qui vivent dans les décharges de Manille. Il répète souvent que l'amour commence par la haine. La haine du mal qui avilit les enfants et rend esclave leur famille. Il dénonce avec véhémence les causes qui amènent à cet état de fait. Sa colère est contre le mal, pas contre les personnes. S'il y a une légitime colère contre le mal, on ne peut jamais réduire une personne aux actes qu'elle pose et au mal qu'elle fait. Cet homme indigné est en même temps un homme pacifié. Il répond à la violence par la force de la vérité et de l'engagement envers les plus pauvres.

Les Insoumis comme le pape François mettent en avant la préservation de l'environnement comme une urgence actuelle. L'écologie, en réunissant des personnes et des mouvements d'horizons très divers, peut-elle être un facteur de paix ?

Mgr Olivier Leborgne : Oui. L'encyclique du pape, *Laudato Si'*, est sous-titrée « Pour la sauvegarde de la maison commune ». Il faut sortir d'un rapport prédateur à la nature, aux matières, aux personnes. Or le pape souligne bien que tout est lié : la dignité de la personne humaine en toute situation, le respect de la vie, les migrants, le respect de la liberté religieuse, les conditions de travail et de logement, les questions sociales, celles qui touchent à l'environnement, à l'éducation, etc. Il y a là quelque chose d'extrêmement pertinent que nous devons nous réapproprier.

François Ruffin : Je ne vois pas forcément le lien entre l'écologie et la paix. Mais l'écologie est pour moi le problème le plus grave de l'époque. Je considère qu'en matière de luttes sociales, il y a des cycles, avec des hauts et des bas, et que nous sommes dans un cycle qui a commencé au début des années 1980. Je dirai même avec plus de précision qu'il a commencé en France un certain de jour de mars 1983, quand la gauche au pouvoir a basculé à droite. Mais pour l'écologie, il n'y aura pas de cycle, pas de retour en arrière possible. Ce qui est détruit ne sera pas reconstruit. Cela nous enjoint à une urgence d'action. Et là aussi, je ne peux pas ne pas voir qu'il y a des adversaires. Je suis construit comme ça. Un de mes amis, Jean Boucault, est chanteur d'oiseaux dans la Somme. Il tourne un peu partout en France en imitant le chant des oiseaux, une passion qu'il a depuis qu'il est enfant. Un jour, il m'a dit que sur sa facture d'eau il était indiqué qu'elle contenait des traces d'atrazine, un pesticide, ce qui l'a surpris car il habite à côté d'une forêt de 4000 hectares, où les arbres servent de filtre. L'atrazine est un herbicide interdit depuis 2003 dans l'Union Européenne. Or il continue à infiltrer les nappes phréatiques. Dans un documentaire sur Syngenta, la firme suisse de produits chimiques qui produit l'atrazine, les responsables de celle-ci affirmaient que cet herbicide ne causait pas de dégâts. Le documentaire explique que Syngenta a commandé une étude sur ce produit à un scientifique américain indépendant. Il a étudié les crapauds et les grenouilles et il a constaté que l'atrazine avait de graves conséquences sur ces animaux : les mâles ne produisaient plus de spermatozoïdes, ils se transformaient en femelles, etc. L'expert a remis les résultats de son étude à Syngenta. La firme ne l'a jamais rendu public. Et quand il a voulu s'exprimer publiquement, on a fait pression sur lui pour qu'il se taise : on a essayé de l'acheter, on a fait pression sur sa femme, on a racheté un site internet à son nom, on a dépensé des millions de dollars pour le discréditer. Sur les questions écologiques comme sur les questions économiques, même si l'on est tous sur la même planète, les enjeux sont clivants et appellent de fait à mener des combats.

Comment se porte notre démocratie ?

François Ruffin : La politique ne se limite pas au vote. Certes, les élections sont importantes. Ce sont des moments de batailles et il faut y être. Mais on ne peut pas s'engager une fois tous les cinq ans en déléguant tous les pouvoirs entre-temps. J'entends beaucoup de discours critiques qui affirment que « la démocratie n'existe pas ». En effet, elle n'existe pas : elle se fait exister. Tous les jours, sur son lieu de travail, quand on a le choix de défendre un collègue ou de ne pas le défendre, dans la rue, quand on a le choix de distribuer des tracts ou pas, dans les médias, quand on a le choix de participer à une émission ou pas, on a le choix de faire exister la démocratie ou pas. Pour chacun d'entre nous, tout est un lieu d'action possible. Il y a cette phrase en dernière page du *Canard Enchaîné* : « La liberté ne s'use que si l'on ne s'en sert pas. » La démocratie, c'est pareil. C'est une falaise qui s'érode. Si on ne se bat pas pour elle, elle s'effondre. Dans un de ses spectacles, l'humoriste La Bajon fait dire à un de ses personnages : « On n'est pas en démocratie, on n'est pas en dictature, on est en léthargie. » C'est une des phrases politiques les plus justes du moment. Ce qui domine aujourd'hui, c'est un vaste sentiment d'impuissance, de ne pas avoir prise sur nos existences et encore moins sur un destin commun. C'est pour moi le problème actuel principal. Toutes les démarches locales, comme les Amap, sont bonnes à défendre. Mais on ne peut pas déconnecter le local du national, une action politique ici et maintenant d'une pensée politique plus vaste. Les actions ponctuelles et locales doivent s'accompagner de lois qui fassent de l'action vertueuse la norme et non plus le seul résultat d'un choix personnel.

Mgr Olivier Leborgne : Ne réduisons pas, en effet, l'engagement politique aux élections ou aux structures politiques. Le pape François, dans ses voyages en Amérique du Sud, a réuni tout un monde associatif qui est hors des structures institutionnelles qui peuvent se révéler parfois trop lourdes. Il faut encourager toutes les formes d'engagement dès lors qu'elles visent à s'informer, à essayer de comprendre, à mettre en place des actions et à soutenir des initiatives qui servent la dignité de la personne, qui servent la cité.

La société française est travaillée par une belle tradition démocratique, mais aujourd'hui celle-ci est remise en question. Elle semble parfois être le fruit d'un consensus mou et ne plus répondre à son devoir d'universalité. Beaucoup se sentent marginalisés, exclus. L'histoire montre que les majorités sont rarement attentives aux minorités. C'est une des raisons pour lesquelles la société a besoin de contre-pouvoirs. On doit reconnaître, à ce titre, malgré les difficultés actuelles du dialogue social, que le combat syndical a permis des avancées sociales importantes. On peut contester certaines idéologies, repérer parfois une logique des avantages acquis ou un manque de réalisme. Mais pire encore serait l'atonie que certains espèrent face à l'ultralibéralisme éthique et financier.

Pour aller un peu plus loin dans le constat, il me semble que la société française ne sait plus ni où elle est, ni où elle va. J'ai été curé en cité pendant quelques années. Il y avait de temps en temps des voitures qui brûlaient. Un jour, la municipalité a fait rénover un gymnase qui a été incendié le lendemain de son inauguration. Je connaissais un certain nombre de jeunes de cette cité. J'ai longtemps réfléchi en me demandant pourquoi ils faisaient ça. La cellule familiale de ces jeunes était souvent déstructurée, leurs parents happés par des emplois qui ne permettaient pas de vivre correctement, quand ils n'étaient pas au chômage. Le juste salaire, dans la tradition chrétienne, est celui qui permet de vivre correctement, et pas celui qui est fixé par les soi-disantes lois du marché qui aujourd'hui sont trop souvent soumises à l'ultralibéralisme financier et aux dividendes de quelques actionnaires.

Mais il y avait plus. Quand vous êtes jeune et que vous êtes issu de milieu populaire ou avez la peau basanée, vous pouvez avoir le sentiment qu'il n'y a pas beaucoup d'avenir pour vous. D'autant plus si par ailleurs la société vous explique que la liberté consiste à ce que chacun fasse ce qu'il veut, que l'enfant à naître peut être le fruit du projet de ses parents ou de la société, c'est-à-dire qu'il n'existe que dans des cases préétablies, et donc pas pour lui-même. Il y a une logique utilitariste qui réduit la personne à ce qu'elle peut produire ou à son utilité. Plus elle coûte de l'argent et plus elle devient un poids pour la société. À quoi bon dès lors perdre du temps avec elle ?

Quand un jeune entend ça, ou baigne dans cette ambiance, il comprend que sa vie n'est pas sacrée. Il comprend qu'on ne le reconnaît pas comme unique, qu'on lui conteste sa dignité fondamentale. Il peut vite avoir le sentiment de vivre dans ce que le pape dénonce comme « une culture du déchet ».

Ces réalités, ces messages explicites ou induits sont d'une très grande violence. Sans la justifier aucunement, dans cette ambiance où l'on explique que tout se vaut, c'est-à-dire que plus rien n'a de valeur, je comprends que certains soient tentés par la violence.

En repensant à cette expérience de curé en paroisse populaire, je ne peux qu'être frappé par l'impact social de l'urbanisme, pour prendre une illustration concrète. Le quartier de cette paroisse était le seul de la ville que l'on ne traversait jamais pour aller dans une autre ville. Des personnes habitant depuis très longtemps dans cette ville ne connaissaient pas ce quartier, qui était par ailleurs assez difficile d'accès. Il y avait quelques barres d'immeuble, dont une de dix étages sur quatorze entrées, que l'on ne voyait quasiment qu'une fois arrivé devant. D'une certaine manière, on avait l'impression que les pauvres étaient cachés, étaient mis de côté. Comment, après cela, nous étonner des phénomènes de repli ou de ghettoïsation, et de la violence qui y est liée ? C'est d'ailleurs pourquoi je suis toujours inquiet quand des chrétiens refusent *a priori* l'installation d'HLM à taille humaine dans un quartier où il n'y en avait pas avant, ou l'installation de foyers de jeunes, de personnes en précarité, etc. Je ne dis pas que tout est simple. Je dis en revanche que tant que les plus fragiles ne seront pas au centre de notre attention, en actes et pas seulement en paroles, la société sera violente et inhumaine.

François Ruffin, considérez-vous que tous les chefs d'entreprise sont responsables des violences économiques et sociales que vous dénoncez ?

Non. Je suis moi-même chef d'entreprise, avec le journal *Fakir*, que je dirige depuis dix-huit ans. J'aime bien cette comparaison : « Les entreprises, c'est comme les poissons : il y a les sardines et les requins. » Il y a en effet un distinguo très clair à opérer entre les grands patrons et ceux d'entreprises plus modestes. J'aime faire la comparaison avec l'Église du XVIIIe siècle, en ce temps où les évêques corrompus et alliés du pouvoir se cachaient derrière les bons petits curés de campagne dont ils mettaient en avant les vertus. Aujourd'hui, dans le monde de l'entreprise, une confusion similaire s'opère. Je peux revenir à la loi sur le secret des affaires pour l'illustrer : cette proposition de loi a été portée par des grandes multinationales comme Total, Dupont de Nemours, etc. Pour lui donner un habillage plus acceptable, ces grandes firmes ont cherché des PME à mettre en avant. Politiquement, je fais tout pour distinguer entre, d'un côté, les artisans, les petits commerçants, les patrons de PME, les entreprises à taille humaine, et, de l'autre, ces mastodontes, ces nouveaux léviathans totalement déshumanisés.

Mgr Leborgne, l'Église a-t-elle été parfois un facteur de violences ?

Je vais à nouveau répondre par un souvenir précis. J'ai toujours été en classe à l'école publique. En troisième, j'ai eu un devoir qu'aucun professeur de français ne donnerait aujourd'hui. Le sujet de la rédaction était : « Marx a dit : "La religion, c'est l'opium du peuple." Qu'en pensez-vous ? » J'ai répondu d'abord : « Oui, bien sûr, regardez les guerres de religions et l'Inquisition », et ensuite : « Non, pas du tout. Parce que l'Évangile est un message de vie et de paix pour tous. Bien sûr, ceux qui le portent n'en sont pas tous à la hauteur. Cela l'invalide-t-il pour autant ? L'histoire regorge aussi de saints qu'il ne faudrait pas oublier... » Voici un deuxième souvenir : le soir de mon ordination, ma sœur jumelle m'a dit : « Tu sais, jusqu'ici je croyais que tous les prêtres étaient parfaits, maintenant je sais que ce n'est pas vrai ! » J'étais heureux qu'elle le découvre. Je comprends que l'on soit exigeant avec l'Église. Mais il me semble que certaines critiques à son encontre ne sont que le creux d'une espérance déçue. Comme si les gens nous disaient : « Ah non, pas vous ! » Et je veux l'entendre. J'aime aussi rappeler que si l'Église était parfaite, il n'y aurait pas de place pour moi. Or il y a une place pour tous dans l'Église. Alors laissons-nous transformer par l'Évangile, acceptons d'être en chemin. Le pape François aime se définir comme un « pécheur pardonné ».

Que représente pour vous la figure du Christ ?

Mgr Olivier Leborgne : Pour moi, le Christ est vivant, j'en ai l'expérience personnelle. Il est mon Seigneur et mon Dieu. Il est sauveur, autrement dit, pour reprendre le titre d'un livre de l'après-guerre, le libérateur. C'est le Christ de l'espérance, de la mise en marche, de l'avenir.

François Ruffin : Le Christ, je le perçois comme un mythe. Je considère qu'il a existé, mais le fait qu'il soit le fils de Dieu et qu'il ait produit des miracles, je ne peux pas y croire. Cependant, je le considère comme un mythe important, qui m'habite et que je transmets à mes enfants. Je leur en parle régulièrement. En leur laissant la possibilité d'y croire ou non. Un mythe, ça n'est pas rien. Par exemple, je suis habité par la Révolution française. Mais je ne suis pas habité par la réalité précise de la Révolution française, que je pense pourtant connaître assez bien. Je suis habité par son mythe, tout comme je le suis par le mythe du Front populaire, de Jaurès. Être habité par des hommes qui ont porté des combats qui les dépassaient, ça nous porte au-delà de nous-mêmes. Mon Christ, c'est d'abord celui qui chassait les marchands du temple.

À propos du **MRJC (Mouvement Rural de Jeunesse Chrétienne)**, par Adrien Louandre du MRJC-Somme, à l'origine de ce projet de livre

~

Le MRJC (Mouvement Rural de Jeunesse Chrétienne) est un mouvement d'éducation populaire, héritier de 90 ans d'histoire de lutte pour la paix et la justice. Nous utilisons la méthode dite du « voir-juger-agir » dans de multiples espaces : associatifs, ecclésiaux, politiques... et cela, du niveau local au niveau international. Pour participer à la construction d'une société plus pacifique, nous pensons indispensable de susciter le dialogue, non seulement en notre sein mais aussi entre les différents acteurs de la société. C'est dans ce contexte qu'est né cet ouvrage entre Mgr Olivier Leborgne, évêque d'Amiens, et François Ruffin, député de la Somme. Tous deux ont des responsabilités sur le territoire de la Somme, territoire en grande partie rural, plus pauvre que la moyenne nationale. Tous deux partagent une indignation face aux injustices sociales. Tous deux cherchent, l'un par la foi, l'autre par le combat politique, à bâtir une société meilleure.

Face aux dérives et aux oppressions d'un système néolibéral livré à lui-même, où l'argent est devenu roi, le MRJC anime des espaces où l'Homme, sa communauté et sa dignité inaliénable reprennent une place centrale.

Face aux défis écologiques, économiques et sociaux, le MRJC s'active à faire vivre des alternatives concrètes aux jeunes qui militent en son sein.

Face aux inégalités croissantes, le MRJC veut que ses membres et toutes celles et ceux qui participent à ses actions retrouvent le goût du regard curieux porté sur la Terre et les Hommes qui les entourent. Que tous ne cessent de poser des questions afin d'assouvir leur soif de compréhension de notre société. Enfin, qu'ils puissent avoir les moyens d'agir à la hauteur de leurs ambitions afin de mener des projets qui contribuent à la sauvegarde du bien commun, de notre planète et de ses habitants.

Face aux périls intégristes et aux discours de haine, aux guerres et à la violence, le MRJC tient un discours d'espoir et anime une culture du dialogue. À la dénonciation d'un choc des « civilisations », nous préférons celle du choc des « méconnaissances », contre lequel nous voulons créer des espaces de rencontre entre personnes de différents horizons : religieux, politiques, sociaux, associatifs...

Comme Bergson, nous pensons que « l'avenir n'est pas ce qui va arriver mais ce que nous allons en faire ».

Comme la déportée volontaire juive Etty Hillesum[1], nous pensons que « le moindre atome de haine ajouté à ce monde le rend plus inhospitalier encore ».

Comme le pape François dans son encyclique sur l'écologie intégrale *Laudato Si'*, nous pensons qu'il est encore temps de bâtir notre maison commune en rêvant, créant, résistant et inventant une nouvelle société écologique, sociale et fraternelle, plus pacifique et plus spirituelle.

1. Etty Hillesum, *Une vie bouleversée* - suivi de *Lettres de Westerbork*, Paris, Seuil, 1995.

DERNIÈREMENT PARU

AUX ÉDITIONS TEMPS PRÉSENT

Mai 68 raconté par des catholiques, COLLECTIF, 2018.

Votre fatwa ne s'applique pas ici, BENNOUNE Karima, 2017.

De la contre-culture à la loi du marché, GRISONI Anahita, 2017.

Témoins de paix en Palestine, GOUGUENHEIM Lucienne, OTT Claire-Lise, TOUREILLE Jacques, VERGNIOL Danielle, 2017.

Marcel Légaut – Un témoin pour le XXIe siècle, FOUILLOUX Etienne, LERCH Dominique, 2017.

Et si on prenait – enfin ! – les électeurs au sérieux, SPIEGEL Jo, 2017.

Un taxi dans Paris, VAILLANT François, 2016.

Les souterrains de la démocratie – Soral, les complotistes et nous, DI MASCIO Bruno, 2016.

L'idéologie néolibérale : ses fondements, ses dégâts, SIMON Claude, 2016.

Cet ouvrage a été achevé d'imprimer
par l'imprimerie Laballery
SCOP anonyme à capital variable

à Clamecy
en septembre 2018.

Dépôt légal : mai 2018.
N° d'impression : 809044

Imprimé en France

La Nouvelle Imprimerie Laballery est titulaire de la marque Imprim'Vert®